Analyse de l'œuvre

Par Claire Cornillon et Margot Pépin

Bérénice

de Jean Racine

Rendez-vous sur lepetitlitteraire.fr et découvrez :

Plus de 1200 analyses
Claires et synthétiques
Téléchargeables en 30 secondes
À imprimer chez soi

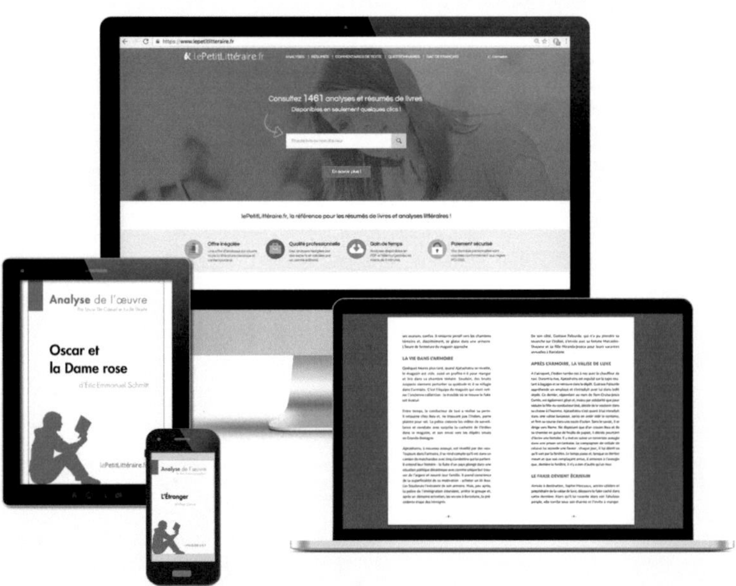

JEAN RACINE

DRAMATURGE FRANÇAIS

- **Né en 1639 à La Ferté-Milon (Nord-Pas-de-Calais-Picardie)**
- **Décédé en 1699 à Paris**
- **Quelques-unes de ses œuvres :**
  - *Andromaque* (1667), tragédie
  - *Britannicus* (1669), tragédie
  - *Phèdre* (1677), tragédie

Jean Racine est la figure principale de la tragédie classique au XVIIe siècle, comme Molière (comédien et dramaturge français, 1622-1673) l'est de la comédie. Après une éducation poussée à l'abbaye de Port-Royal, il s'installe à Paris où il est admis à la cour de Louis XIV (roi de France, 1638-1715) à partir de 1663 : il y mène une brillante carrière de dramaturge.

Principalement connu pour ses tragédies, il en écrivit onze. Celles-ci, rédigées dans une langue dépouillée et poétique, s'inspirent de la mythologie grecque (*Andromaque*), de l'histoire romaine (*Britannicus*) ou de l'histoire chrétienne (*Athalie*, 1691), et explorent les passions humaines.

BÉRÉNICE

UNE TRAGÉDIE AMOUREUSE

- **Genre :** pièce de théâtre (tragédie)
- **Édition de référence :** *Bérénice*, Paris, Larousse, coll. « Petits Classiques Larousse », 1999, 176 p.
- **1ʳᵉ édition :** 1670
- **Thématiques :** passion, dilemme, triangle amoureux, devoir, séparation

Tragédie en cinq actes, représentée pour la première fois en 1670, *Bérénice* rencontre le succès face à *Le Tite et Bérénice* (1670) de Pierre Corneille (dramaturge et poète français, 1606-1684), le rival de Racine. Elle raconte l'histoire de Titus qui, sur le point de devenir empereur de Rome, doit renoncer à la femme qu'il aime, Bérénice, car celle-ci est reine de Palestine : les Romains ne voyant pas la royauté d'un bon œil. Antiochus, roi de Comagène, aime également Bérénice, mais cet amour n'est pas réciproque. Dès lors est narrée l'impossible décision de Titus de quitter Bérénice. La pièce se situe tout entière dans cette suspension tragique, ce moment qui précède la séparation.

RÉSUMÉ

La scène se déroule à Rome, dans un cabinet qui se situe entre l'appartement de Titus et celui de Bérénice.

ACTE I

L'empereur Vespasien (9-79) étant mort, c'est son fils Titus qui lui succède. La maitresse de ce dernier, Bérénice, reine de Palestine, attend qu'il l'épouse. Antiochus, le roi de Comagène, aime quant à lui Bérénice en secret.

Ce dernier veut s'entretenir avec Bérénice pour finalement décider de partir sans lui avouer son amour. Arsace, son confident, qui ne sait rien de cet amour, ne comprend pas pourquoi Antiochus souhaite partir. Pourtant, lorsque la reine entre dans le cabinet, Antiochus finit par se déclarer au moment des adieux :

> « Titus, pour mon malheur, vint, vous vit et vous plut./ Il parut devant vous dans tout l'éclat d'un homme/ Qui porte entre ses mains la vengeance de Rome./ La Judée en pâlit. Le triste Antiochus/ Se compta le premier au nombre des vaincus » (acte I, scène IV, v. 194-198).

Bérénice, réellement attachée à Antiochus, regrette son départ.

Phénice, la confidente de Bérénice, prévient cette dernière que le peuple romain pourrait refuser qu'elle devienne impératrice car les Romains ont la royauté en horreur. Pourtant, Bérénice n'est pas inquiète : « Le temps n'est plus,

Phénice, où je pouvais trembler./ Titus m'aime, il peut tout, il n'a plus qu'à parler. » (acte I, scène V, v. 297-298)

ACTE II

Pour une raison encore inconnue, Titus cherche Antiochus. Paulin, son confident, lui annonce qu'il vient de sortir des appartements de la reine. Titus essaie de savoir ce que pense Rome de son éventuel mariage avec Bérénice. Si la cour est hypocrite, Paulin finit par lui avouer que Rome ne veut pas de Bérénice comme impératrice : « N'en doutez point, Seigneur. Soit raison, soit caprice,/ Rome ne l'attend point pour son impératrice. » (acte II, scène II, v. 371-372) Titus, désespéré, explique à Paulin à quel point il aime Bérénice et que renoncer à elle n'est pas une décision facile. Finalement, il décide à contrecœur de quitter Bérénice par devoir envers Rome. Paulin approuve sa décision : « Je n'attendais pas moins de cet amour de gloire/ qui partout après vous atta-cha la victoire. » (acte II, scène II, v. 491-492)

Titus ne parvient cependant pas à avouer à Bérénice qu'il va la quitter. Lorsqu'ils se rencontrent, la froideur de Titus sur-prend Bérénice : il se mure dans le silence et ne répond pas à ses questions. Bérénice croit alors que le trouble de Titus est dû à Antiochus et à sa déclaration d'amour pour elle.

ACTE III

Titus, ne trouvant pas la force d'avouer lui-même sa décision à sa bienaimée, demande à Antiochus de parler à Bérénice et de partir avec elle : « Vous ne faites qu'un cœur et qu'une âme avec nous./ Au nom d'une amitié si constante et si belle,/ Employez le pouvoir que vous avez sur elle ;/ Voyez-la de ma part », lui dit-il (acte III, scène I, v. 698-701).

Antiochus est surpris par la décision de Titus. Son confident, Arsace, lui dit que c'est une bonne nouvelle et qu'il va pouvoir dès lors gagner le cœur de Bérénice puisque Titus la quitte. Mais Antiochus se méfie et craint d'apporter la mauvaise nouvelle à Bérénice.

Antiochus se décide finalement à parler à Bérénice. Ne voulant pas la faire souffrir, il hésite à lui dire la vérité. Pourtant, face à son insistance, il finit par lui avouer la décision de Titus. Elle ne le croit pas et déverse sa colère sur lui. « Pour jamais à mes yeux, gardez-vous de paraître », lui dit-elle (acte III, scène III, v. 916). Attristé par cette injustice mais compatissant à la douleur de la reine, Antiochus souhaite obéir à cet ordre et confirme sa décision de partir.

ACTE IV

Le trouble de Bérénice est tel qu'elle veut voir Titus. Bien que ce dernier hésite à la rencontrer, il finit par la voir pour lui confirmer sa décision. Bérénice l'accuse de la rejeter maintenant alors qu'il a toujours connu l'hostilité de Rome à son égard. Il lui répond qu'il n'était pas empereur auparavant et que les choses ont changé.

Suite à cette nouvelle, Bérénice veut mourir : Titus ne sait que faire. Antiochus vient le supplier d'aller voir Bérénice : « Elle n'entend ni pleurs, ni conseils, ni raison ;/ Elle implore à grands cris le fer et le poison. » (acte IV, scène VII,

v. 1229-1230) Antiochus se rend compte que, par amour pour Bérénice, il agit à l'encontre de son propre intérêt : « J'ai travaillé sans cesse à mon propre malheur. » (acte IV, scène IX)

ACTE V

Arsace annonce à Antiochus que Bérénice veut quitter Rome, malgré les tentatives de Titus pour la raisonner car elle est trop en colère pour l'écouter. Bérénice lui tend alors une lettre qui fait comprendre à Titus qu'elle veut mourir. Accablé par cette nouvelle et désemparé, Titus fait venir Antiochus : « Vous cherchez à mourir ? Et de tout ce que j'aime/ Il ne restera plus qu'un triste souvenir ?/ Qu'on cherche Antiochus, qu'on le fasse venir. » (acte V, scène IV, v. 1360-1362) Titus persiste dans sa décision de quitter Bérénice par devoir pour l'Empire mais menace à présent de se tuer si sa bienaimée continue à se laisser mourir.

Antiochus avoue son amour pour Bérénice à Titus et menace aussi de se tuer. Bérénice répond alors à chacun d'eux. À Titus, elle dit qu'elle a désormais compris qu'il l'aimait et qu'elle partira comme il le souhaite. À Antiochus, elle précise qu'elle ne peut accepter l'amour d'un autre alors qu'elle fuit Titus. Sur ces mots, ils se disent adieu.

ÉTUDE DES PERSONNAGES

TITUS

Titus est l'empereur de Rome. Il représente l'État et en porte la responsabilité. Amant de Bérénice depuis cinq ans, il est aujourd'hui au pied du mur. Rome n'aime pas la royauté : il ne peut donc épouser Bérénice, reine de Palestine.

Son discours repose tout au long de la pièce sur l'opposition entre l'amour et le devoir. Il oppose la situation d'avant, quand il était libre d'aimer qui il souhaitait (« Un autre était chargé de l'empire du monde », acte II, scène II, v. 456), et celle d'aujourd'hui, après la mort de son père (« Je sentis le fardeau qui m'était imposé », acte II, scène II, v. 462). Son discours est toujours fondé sur des balancements, des parallélismes et des antithèses. Rome, omniprésente dans ses répliques, s'oppose à Bérénice. La puissance de l'empereur et l'impuissance de l'homme s'affrontent en lui : « Je puis faire les rois, je puis les déposer ;/ Cependant de mon cœur je ne puis disposer. » (acte III, scène I, v. 720-721)

Cette opposition, traditionnellement vue par la critique comme la traduction du dilemme accablant Titus, est interprétée différemment par Roland Barthes (sémiologue et écrivain français, 1915-1980) dans *Sur Racine* (1963). Pour lui, ce ne sont pas tant le devoir et l'amour qui tiraillent Titus mais bien un projet et un acte. D'après son éclairage, l'enjeu n'est donc pas, dans la pièce, la prise de décision de Titus, qui ne s'inscrit pas réellement dans un dilemme. Lorsque la pièce commence, il a déjà décidé de renvoyer Bérénice, mais il doit encore assumer sa décision, la révéler et agir en conséquence : concrétiser son projet en acte. C'est sur cette hésitation-là que repose l'intrigue de la pièce selon Roland Barthes.

C'est pourquoi le discours de Titus relève souvent de l'élégiaque, de la plainte. Comme les autres personnages, il n'ose pas dire ce qu'il pense vraiment et affronter la réaction de Bérénice. Lui, le souverain, s'efface devant la situation présente : « Pourquoi suis-je empereur ? Pourquoi suis-je amoureux ? » (acte IV, scène VI, v. 1226) Son hésitation est-elle sincère ou n'est-elle que l'aveu de sa faiblesse ? Titus est un personnage ambigu qui, par son attitude, fait souffrir Bérénice et Antiochus.

BÉRÉNICE

Bérénice, reine de Palestine, est l'enjeu de la pièce. Pourtant, elle en subit toute l'action. L'intrigue débute alors qu'elle s'apprête à être renvoyée par Titus, mais elle se berce d'illusions et croit que Titus va l'épouser. Elle revendique son désintérêt pour l'Empire et ne voit en Titus que l'homme qu'elle aime et non l'empereur. Elle apparait comme une femme possessive.

Elle idolâtre Titus et, aveuglée par son amour, en oublie ses faiblesses (le mensonge et la lâcheté) qui s'étalent pourtant au grand jour tout au long de la pièce. Elle le décrit ainsi : « Ce port majestueux, cette douce présence./ Ciel ! avec quel respect et quelle complaisance/ Tous les cœurs en secret l'assuraient de leur foi ! » (acte I, scène V, v. 311-313) Elle le perçoit comme tout-puissant et adoré par son peuple, et ne peut donc pas imaginer qu'il sera incapable d'imposer son choix aux Romains. Pourtant, c'est bien la volonté de Rome que Titus a choisi de suivre.

Bérénice est donc celle qui, initialement, construit sa propre illusion. Elle tente de comprendre les évènements en leur imposant sa grille d'interprétation erronée. Dans les dialogues, elle pose des questions et fournit elle-même les réponses. Elle refuse de voir les signes de son infortune et se berce d'illusions.

Or, lorsqu'elle comprend enfin la décision de Titus, elle se trompe à nouveau d'interprétation. Pensant qu'il ne l'a en fait jamais aimée, elle se mure dans la douleur, en parfaite héroïne tragique. « Qu'avez-vous fait, Seigneur ? l'aimable Bérénice/ Va peut-être expirer dans les bras de Phénice », dit Antiochus à Titus (acte IV, scène VII, v. 1227-1228). Elle est alors invisible aux yeux du spectateur, et ce sont les autres personnages qui racontent ses cris et son désespoir. Enfin, lorsque toute la lumière est faite sur les raisons qui ont poussé Titus à choisir Rome, elle accepte sa décision. Même si elle subit une décision qu'elle n'a pas prise, c'est elle qui a le dernier mot, consentant à partir d'elle-même, avec dignité.

ANTIOCHUS

Dans ce triangle amoureux, Antiochus, roi de Comagène, représente celui qui aime en secret la jeune femme. Ami fidèle de Bérénice et de Titus, il ne sait quelle position occuper dans cette crise entre les deux amants car son intérêt propre entre en conflit avec l'intérêt de celle qu'il aime.

Antiochus représente d'abord la figure du héros guerrier qui a soutenu Titus. Arsace raconte ainsi : « Le bélier impuissant les menaçait en vain/ Vous seul, Seigneur, vous seul, une échelle à la main,/ Vous portâtes la mort jusque sur leurs murailles. » (acte I, scène III, v. 109-111) Mais il est surtout l'amant déçu. L'enjeu pour lui est d'abord d'avouer sa passion avant même d'envisager de pouvoir la vivre ou non. « Je me suis tu cinq ans ; et jusques à ce jour,/ D'un voile d'amitié j'ai couvert mon amour », dit-il (acte I, scène II, v. 25-26). D'ailleurs, il n'avoue pas immédiatement à Arsace qu'il aime Bérénice. C'est à la scène IV de l'acte I qu'il déclare son amour à la reine : « Un voile d'amitié vous trompa l'un et l'autre,/ Et mon amour devint le confident du vôtre. » (v. 243-244)

Cette attitude le place dans une position étrange de confident, d'ami et surtout d'intermédiaire entre les deux amants. À ce moment de crise, où la communication devient impossible, c'est lui qui devient le relais entre Titus et Bérénice, chacun le chargeant de parler à l'autre. Il est l'homme de l'ombre, celui qui non seulement pourrait se dresser entre Titus et Bérénice, mais aussi celui qui leur sert finalement d'intermédiaire pour communiquer. Ironie tragique pour celui qui aime Bérénice de servir finalement la passion de celle-ci pour Titus : « Je m'attendris aux pleurs qu'un rival fait couler ;/ Moi-même à son secours je le viens appeler. » (acte IV, scène IX) Il agit ainsi contre son propre intérêt parce qu'il souffre de voir Bérénice malheureuse, faisant preuve d'abnégation et prouvant là encore la force et la pureté de son amour pour elle.

PAULIN

Paulin est le confident et le conseiller de Titus. Il est au courant de tout ce qui concerne l'empereur : « Je n'ai rien de secret à tes yeux. » (acte I, scène II, v. 425) Celui-ci l'a chargé de sonder l'opinion des Romains sur son union avec Bérénice, et a toute confiance en sa sincérité : « Pour mieux voir, cher Paulin, et pour entendre mieux,/ Je vous ai demandé des oreilles, des yeux. » (acte I, scène II, v. 361-362) C'est même lui qui va annoncer à l'empereur la cruelle vérité : « Rome ne l'attend point pour son impératrice. » (acte I, scène II, v. 372) Convaincu de la nécessité du départ de Bérénice, il cherche à dissiper les doutes de Titus et l'exhorte à quitter la reine : « Quoi ! Déjà vous semblez reculer !/ De vos nobles projets, Seigneur, qu'il vous souvienne. » (acte I, scène III, v. 554-555)

ARSACE

Confident d'Antiochus, Arsace éprouve de l'empathie pour son ami, le soutient et le conseille, mais il n'est pas au fait de tous ses secrets. Ainsi ignore-t-il au début de la pièce l'amour d'Antiochus pour la reine : « Mais qui rend à vos yeux cet hymen si funeste ? » (acte I, scène III, v. 131) Il a à cœur de servir les intérêts de son ami et l'encourage à cesser de sacrifier son sort à celui de Titus : « Quoi ! Ne vous plairez-vous qu'à vous gêner sans cesse ? » (acte III, scène II, v. 815) Opportuniste, il lui conseille même de profiter de l'infortune de Bérénice pour récupérer son amour : « Ouvrez les yeux, Seigneur, et songeons entre nous/ Par combien de raisons Bérénice est à vous. » (acte III, scène II, v. 817-818)

PHÉNICE

Phénice est la dépositaire des confidences et de la confiance de Bérénice. Celle-ci lui confie ses doutes, ses peines, ses espoirs et ses désespoirs. Sensible et dévouée, elle pressent l'annulation du mariage et met en garde Bérénice dès le début de la pièce :

> « Titus n'a point encore expliqué sa pensée./ Rome vous voit, Madame, avec des yeux jaloux,/ La rigueur de ses lois m'épouvante pour vous./ L'hymen chez les Romains n'admet qu'une Romaine./ Rome hait tous les rois, et Bérénice est reine. » (acte I, scène V, v. 292-296)

CLÉS DE LECTURE

UNE TRAGÉDIE CLASSIQUE

Racine s'inscrit pleinement dans le classicisme, ce mouvement artistique propre aux arts français du XVIIᵉ siècle et notamment à la littérature. Ce courant littéraire répond à différentes règles et caractéristiques parmi lesquelles la sobriété du style, la reprise d'œuvres ou de sujets de l'Antiquité et la vraisemblance. Le théâtre de cette époque est ainsi régi par des règles strictes inspirées par *La Poétique* (335 av. J.-C.) d'Aristote (philosophe grec, 384-322 av. J.-C.) : selon ce modèle, la tragédie classique, comme celle de l'Antiquité, doit inspirer « terreur et pitié », répondre à des exigences de « simplicité », et opérer la « catharsis », c'est-à-dire la purgation des passions dans le cœur des spectateurs. Une tragédie classique doit aussi répondre à la règle des trois unités et de bienséance (la représentation de scènes à caractère sexuel, de scènes violentes ou de mort est proscrite), présenter des héros victimes d'un sort cruel et déchirés, la plupart du temps, par un terrible dilemme.

Racine, dans sa préface de *Bérénice*, s'attache à justifier l'appartenance de la pièce au genre de la tragédie classique, en réaction aux critiques lui ayant reproché de n'avoir pas suivi les règles du genre : « Ils ont cru qu'une tragédie qui était si peu chargée d'intrigues ne pouvait être selon les règles du théâtre. » (p. 6) Il se flatte au contraire d'avoir su « attacher durant cinq actes (les) spectateurs par une action simple, soutenue de la violence des passions, de la beauté des sentiments et de l'élégance de l'expression » (p. 6). Il affirme également que la tragédie demande « que l'action en soit grande, que les acteurs en soient héroïques, que les passions y soient excitées » (p. 5), prouvant par là même que *Bérénice* répond bien au cahier des charges de la tragédie classique :

- **la forme.** La tragédie classique, genre considéré comme « noble » au XVIIe siècle (par opposition à la comédie), obéit à des contraintes formelles particulières :
  - **la versification :** la pièce est écrite en alexandrins ;
  - **la construction :** la pièce est composée de cinq actes.
- **les personnages.** Les personnages sont de rang élevé : Titus est empereur de Rome tandis que Bérénice est reine de Palestine et Antiochus roi de Comagène. Par ailleurs, ils sont inspirés de l'histoire antique (Ier siècle apr. J.-C.) ;
- **la règle des trois unités.** Cette règle de la tragédie classique est bien respectée dans *Bérénice* :
  - **unité de temps :** la pièce se déroule sur une journée ;
  - **unité de lieu :** comme l'indique la didascalie initiale, « la scène est à Rome, dans un cabinet qui est entre l'appartement de Titus, et celui de Bérénice ». Ainsi les personnages s'y succèdent, venant de l'une ou l'autre des deux pièces ;
  - **unité d'action :** l'intrigue est simple et tient dans la rupture entre Titus et Bérénice. Racine précise d'ailleurs dans sa préface à propos du sujet de la pièce : « Ce qui m'en plut davantage, c'est que je le trouvai extrêmement simple. » (p. 5)
- **la bienséance.** Selon les règles de la tragédie définies par Aristote, les scènes de violence et de mort doivent avoir lieu en dehors de la scène et être rapportées par un

témoin. C'est le cas ici lorsque Bérénice perd le contrôle d'elle-même et cherche à mettre fin à ses jours, puisque la scène est simplement racontée par Antiochus : « L'aimable Bérénice/ Va peut-être expirer dans les bras de Phénice./ Elle n'entend ni pleurs, ni conseil, ni raison./ Elle implore à grands cris le fer et le poison. » (acte IV, scène VII, v. 1227-1230) ;

- **l'intrigue :**
    - **la douleur et le désespoir :** le sujet de la pièce est tragique en soit, car il s'agit de l'amour impossible. On voit ainsi les personnages en proie au doute cruel, à la douleur et au désespoir. Leurs amours contrariées fondent le tragique de la pièce. Chacun d'eux se voit contraint de sacrifier son amour et de renoncer à son bonheur ;
    - **l'exil et les adieux :** Antiochus et Bérénice sont contraints à l'exil. Ainsi Antiochus annonce-t-il son départ volontaire à de nombreuses reprises : « Je pars, fidèle encor quand je n'espère plus. » (acte I, scène II, v. 45), « Si Titus a parlé, s'il l'épouse, je pars. » (acte I, scène III, v. 130), « Je pars plus amoureux que je ne fus jamais » (acte I, scène IV, v. 258). De son côté, c'est sous la contrainte que Bérénice doit quitter Rome. Par ailleurs, les scènes d'adieux se multiplient entre les personnages :
        - acte I, scène IV, Antiochus à Bérénice : « Et je viens donc vous dire un éternel adieu. » ;
        - acte IV, scène V : Titus à Bérénice : « J'espérais de mourir à vos yeux/ Avant que d'en venir à ces cruels adieux. » ;
        - acte V, scène VII : Bérénice à Titus : « Adieu, Seigneur,

régnez, je ne vous verrai plus. ».

- ◦ **la mort :** la mort est elle aussi une composante de l'intrigue car elle plane au-dessus de Bérénice. Dans l'acte III, elle se décrit elle-même, dans l'attente qu'Antiochus lui délivre le message de Titus, comme « une reine éperdue,/ [...] la mort dans le sein » (v. 872-873). Par la suite, elle va associer l'abandon de Titus à la mort et invoquer le suicide comme recours à sa situation. Titus lui-même s'imagine dans un futur proche mourir d'amour suite à sa séparation d'avec son amante : « Vous verrez que Titus n'a pu sans expirer... » (acte III, scène III, v. 1125) ;
- ◦ **le destin accablant :** Titus doit accomplir son destin d'empereur, une position qu'il n'a pas choisie mais qu'il doit honorer malgré le sacrifice exigé par cette charge ;
- ◦ **le dilemme de Titus :** les tragédies du XVIIe siècle reposent très souvent sur le dilemme qui accable le héros. Ici Titus est tiraillé entre son devoir en tant qu'empereur et son amour pour Bérénice. Titus doit, pour accomplir son destin politique, assumer « le choix des dieux, contraire à (ses) amours » (acte II, scène II, v. 465) et sacrifier Bérénice à Rome. Son hésitation se traduit par de très nombreuses questions rhétoriques et par ses revirements (confronté à Bérénice, il change plusieurs fois d'avis quant à la séparation). Ce choix est si difficile qu'il est évoqué par une métaphore de la guerre par Paulin : « Ô ciel ! Que je crains ce combat !/ Grands dieux, sauvez sa gloire, et l'honneur de l'État. » (acte IV, scène III, v. 986-987). C'est finalement le devoir qui va l'emporter.

- **le dénouement.** Si l'issue du drame n'est pas la mort,

comme le souligne Racine dans sa préface (« Il est vrai que je n'ai point poussé Bérénice jusqu'à se tuer comme Didon, parce que Bérénice n'ayant pas ici avec Titus les derniers engagements que Didon avait avec Enée, elle n'est pas obligée comme elle de renoncer à la vie. », p. 5), elle n'en reste pas moins marquée par la douleur et sans espoir pour aucun des personnages. Le dernier mot de la pièce, « Hélas ! », est prononcé par Antiochus et résume bien la situation finale : le renoncement de tous au bonheur et leurs adieux irrémédiables.

LE TRIANGLE AMOUREUX

La pièce *Bérénice* se construit sur un triangle amoureux autour du personnage éponyme. Titus et Antiochus l'aiment : le premier veut la quitter et le second lui avouer sa passion. Mais Bérénice n'aime que Titus et rejette Antiochus.

La pièce oscille donc comme un jeu de balancier : à chaque dialogue, les équilibres se transforment, la situation change et l'ensemble redevient instable, en particulier pour Antiochus dont le destin dépend entièrement des décisions des autres. Car Titus, lui, sait déjà ce qu'il veut faire. Et Bérénice n'aura d'autre choix que de l'accepter. Mais elle décide aussi de rejeter l'amour d'Antiochus qu'elle considère seulement comme un ami.

Comme le montre la dernière tirade de Bérénice, l'enjeu même de la pièce se trouve dans une série de parallélismes et d'antithèses : « Je l'aime, je le fuis ; Titus m'aime, il me quitte. » (acte V, scène VI, v. 1500) C'est pourquoi l'histoire est tragique, car les intérêts des personnages ne se rencontrent jamais et tous les amours sont déçus : « Adieu : servons tous trois d'exemple à l'univers/ De l'amour la plus tendre et la plus malheureuse/ Dont il puisse garder l'histoire douloureuse », ajoute-t-elle (acte V, scène VI, v. 1502-1503).

Il existe aussi un quatrième personnage dans la pièce : Rome. Tout au long des actes plane la rumeur, c'est-à-dire la voix de Rome, dont on rapporte les propos et dont on essaie de comprendre la logique. Il s'agit aussi de se positionner par rapport à cette voix. Ainsi, si Bérénice pense que Titus prendra le dessus, son amant décide quant à lui de céder aux volontés de Rome. « De la reine et de moi que dit la voix publique ? », demande Titus (acte II, scène II, v. 344). Néanmoins, il distingue aussi la cour et ses mensonges serviles de la véritable voix de Rome qu'il lui faut connaitre pour pouvoir la respecter : « Je ne prends point pour juge une cour idolâtre,/ Paulin : je me propose un plus noble théâtre. » (acte II, scène II, v. 356)

UNE PIÈCE SANS ACTION

Il n'y a aucune action réelle dans la pièce, ce qui a parfois été reproché au dramaturge, car toute l'intrigue se fonde sur l'hésitation de Titus. Tant qu'il n'exprime pas clairement sa volonté à Bérénice, les personnages oscillent entre espoir et désespoir. C'est donc une pièce éminemment psychologique, fondée sur l'intériorisation. En effet, chaque personnage tente de comprendre l'attitude de l'autre et réagit émotionnellement à ce qu'il découvre. C'est pourquoi la seule action possible reste finalement la non-action radicale, la mort : les personnages ne cessent de jouer la carte du chantage au suicide. Ils menacent de se tuer car une fois tous les arguments épuisés, ils ne savent plus comment se défendre.

Racine écrit dans sa préface à la pièce :

> « Ce n'est point une nécessité qu'il y ait du sang et des morts dans une tragédie : il suffit que l'action en soit grande, que les acteurs en soient héroïques, que les passions y soient excitées, et que tout s'y ressente de cette tristesse majestueuse qui fait tout le plaisir de la tragédie. » (p. 5)

En effet, la pièce ne se termine pas dans un bain de sang, et le tragique tient à la grandeur de Bérénice dans son renoncement final et au désespoir pathétique d'Antiochus.

L'IMPOSSIBILITÉ DE COMMUNIQUER

On pourrait croire que le tragique repose ici sur un dilemme qui serait celui de Titus entre Rome et Bérénice mais, en réalité, il repose davantage sur l'impossibilité de la communication. Le décor même de la pièce est un lieu de l'entre-deux, un espace intermédiaire entre les appartements de Titus et ceux de Bérénice ; alors qu'il devrait être un lieu de rencontre, il est un lieu d'évitement. Titus évite Bérénice et Antiochus souhaiterait lui aussi fuir, mais la confrontation finale devient nécessaire.

L'expression de l'amour dans la pièce est toujours indirecte : les personnages ont besoin d'un tiers pour porter le message et lorsqu'ils s'expriment face à face, les propos sont souvent mal interprétés. Le dialogue se délite, la ponctuation montre l'hésitation et les répliques font office de points de suspension. En particulier celles de Titus, par exemple dans la scène IV de l'acte II dans laquelle il suggère la volonté de Rome sans avouer à Bérénice qu'il veut la quitter. Ses phrases restent suspendues alors même que Bérénice le pousse à parler.

Bérénice construit, face à ce silence, son propre monologue. Puisque Titus ne lui donne pas de réponses, elle les invente et construit une illusion dans laquelle elle se complait :

> « Il craint peut-être, il craint d'épouser une reine./ Hélas ! s'il était vrai... Mais non, il a cent fois/ Rassuré mon amour contre leurs dures lois. » (acte II, scène V, v. 640)

Il faut attendre la scène finale pour qu'enfin les trois protagonistes se confrontent, révèlent toute la vérité et assument leurs décisions.

« POUR LA DERNIÈRE FOIS, ADIEU »

Bérénice s'achève sur un véritable adieu, pleinement assumé après avoir été annoncé tout au long de la pièce par les trois protagonistes. Leurs doutes, leurs illusions et leurs difficultés à communiquer se dissipent finalement, après les avoir occupés durant cinq actes, pour se résumer à cette réplique de Bérénice : « Pour la dernière fois, adieu. » (acte V, dernière scène, v. 1506). Racine aura réussi à donner à voir une tragédie composée dans les règles du théâtre classique et à émouvoir ses spectateurs par une pièce qui connut un vif succès auprès de ses contemporains et s'impose aujourd'hui encore comme un des modèles du genre.

- 21 -

PISTES DE RÉFLEXION

QUELQUES QUESTIONS POUR APPROFONDIR SA RÉFLEXION...

- Sur quoi repose le tragique de *Bérénice* ?
- Où se situe l'action ? Comment interpréter ce choix du décor ?
- Les personnages et l'intrigue sont tirés de l'Antiquité romaine. Dans quelle mesure Racine est-il fidèle à l'Histoire ? Quelle est la part d'invention de la pièce ?
- Quel est le rôle d'Antiochus dans la pièce ?
- Analysez l'évolution de Bérénice tout au long de la pièce : quels états psychologiques traverse-t-elle ?
- Quelle est la position de Titus au début de la pièce ? A-t-il pris une décision ?
- Analysez la fin de la scène ɪᴠ de l'acte II. Quelles sont les caractéristiques de ce dialogue ? Quelle en est la dynamique ?
- Dans la scène ᴠ de l'acte II, analysez la longue réplique de Bérénice. Pourquoi peut-on dire qu'elle ressemble à un monologue ?
- Comparez la situation des personnages dans la première scène de la pièce et leur situation dans la dernière scène : qu'est-ce qui a changé ?
- *Bérénice* est contemporaine de *Tite et Bérénice* de Corneille. Comparez les deux pièces.

Votre avis nous intéresse !
Laissez un commentaire sur le site de votre librairie en ligne
et partagez vos coups de cœur sur les réseaux sociaux !

POUR ALLER PLUS LOIN

ÉDITION DE RÉFÉRENCE

- Racine J., *Bérénice*, Paris, Larousse, coll. « Petits Classiques Larousse », 1999.

ÉTUDES DE RÉFÉRENCE

- Aristote, *Poétique*, Paris, Les Belles Lettres, 2002.
- Barthes R., *Sur Racine*, Paris, Seuil, 1963.

SUR LEPETITLITTÉRAIRE.FR

- Commentaire de lecture sur le dénouement d'*Andromaque*.
- Commentaire de la scène finale de *Bérénice*.
- Commentaire de lecture sur la scène IV de l'acte IV de *Britannicus* de Jean Racine.
- Commentaire de lecture sur la scène V de l'acte V de *Britannicus*.
- Commentaire de lecture sur la scène V de l'acte II de *Phèdre* de Jean Racine.
- Commentaire de lecture sur la scène III de l'acte I de *Phèdre*.
- Fiche de lecture sur *Andromaque* de Jean Racine.
- Fiche de lecture sur *Bajazet* de Jean Racine.
- Fiche de lecture sur *Britannicus*.
- Fiche de lecture sur *Iphigénie* de Jean Racine.
- Fiche de lecture sur *Phèdre*.

Retrouvez notre offre complète sur lePetitLittéraire.fr

- des fiches de lectures
- des commentaires littéraires
- des questionnaires de lecture
- des résumés

ANOUILH
- Antigone

AUSTEN
- Orgueil et Préjugés

BALZAC
- Eugénie Grandet
- Le Père Goriot
- Illusions perdues

BARJAVEL
- La Nuit des temps

BEAUMARCHAIS
- Le Mariage de Figaro

BECKETT
- En attendant Godot

BRETON
- Nadja

CAMUS
- La Peste
- Les Justes
- L'Étranger

CARRÈRE
- Limonov

CÉLINE
- Voyage au bout de la nuit

CERVANTÈS
- Don Quichotte de la Manche

CHATEAUBRIAND
- Mémoires d'outre-tombe

CHODERLOS DE LACLOS
- Les Liaisons dangereuses

CHRÉTIEN DE TROYES
- Yvain ou le Chevalier au lion

CHRISTIE
- Dix Petits Nègres

CLAUDEL
- La Petite Fille de Monsieur Linh
- Le Rapport de Brodeck

COELHO
- L'Alchimiste

CONAN DOYLE
- Le Chien des Baskerville

DAI SIJIE
- Balzac et la Petite Tailleuse chinoise

DE GAULLE
- Mémoires de guerre III. Le Salut. 1944-1946

DE VIGAN
- No et moi

DICKER
- La Vérité sur l'affaire Harry Quebert

DIDEROT
- Supplément au Voyage de Bougainville

DUMAS
- Les Trois Mousquetaires

ÉNARD
- Parlez-leur de batailles, de rois et d'éléphants

FERRARI
- Le Sermon sur la chute de Rome

FLAUBERT
- Madame Bovary

FRANK
- Journal d'Anne Frank

FRED VARGAS
- Pars vite et reviens tard

GARY
- La Vie devant soi

GAUDÉ
- La Mort du roi Tsongor
- Le Soleil des Scorta

GAUTIER
- La Morte amoureuse
- Le Capitaine Fracasse

GAVALDA
- 35 kilos d'espoir

GIDE
- Les Faux-Monnayeurs

GIONO
- Le Grand Troupeau
- Le Hussard sur le toit

GIRAUDOUX
- La guerre de Troie n'aura pas lieu

GOLDING
- Sa Majesté des Mouches

GRIMBERT
- Un secret

HEMINGWAY
- Le Vieil Homme et la Mer

HESSEL
- Indignez-vous !

HOMÈRE
- L'Odyssée

HUGO
- Le Dernier Jour d'un condamné
- Les Misérables
- Notre-Dame de Paris

HUXLEY
- Le Meilleur des mondes

IONESCO
- Rhinocéros
- La Cantatrice chauve

JARY
- Ubu roi

JENNI
- L'Art français de la guerre

JOFFO
- Un sac de billes

KAFKA
- La Métamorphose

KEROUAC
- Sur la route

KESSEL
- Le Lion

LARSSON
- Millenium 1. Les hommes qui n'aimaient pas les femmes

LE CLÉZIO
- Mondo

LEVI
- Si c'est un homme

LEVY
- Et si c'était vrai…

MAALOUF
- Léon l'Africain

MALRAUX
• La Condition
  humaine

MARIVAUX
• La Double
  Inconstance
• Le Jeu de l'amour
  et du hasard

MARTINEZ
• Du domaine
  des murmures

MAUPASSANT
• Boule de suif
• Le Horla
• Une vie

MAURIAC
• Le Nœud
  de vipères

MAURIAC
• Le Sagouin

MÉRIMÉE
• Tamango
• Colomba

MERLE
• La mort est
  mon métier

MOLIÈRE
• Le Misanthrope
• L'Avare
• Le Bourgeois
  gentilhomme

MONTAIGNE
• Essais

MORPURGO
• Le Roi Arthur

MUSSET
• Lorenzaccio

MUSSO
• Que serais-je
  sans toi ?

NOTHOMB
• Stupeur et
  Tremblements

ORWELL
• La Ferme
  des animaux
• 1984

PAGNOL
• La Gloire de
  mon père

PANCOL
• Les Yeux jaunes
  des crocodiles

PASCAL
• Pensées

PENNAC
• Au bonheur
  des ogres

POE
• La Chute de la
  maison Usher

PROUST
• Du côté de
  chez Swann

QUENEAU
• Zazie dans
  le métro

QUIGNARD
• Tous les matins
  du monde

RABELAIS
• Gargantua

RACINE
• Andromaque
• Britannicus
• Phèdre

ROUSSEAU
• Confessions

ROSTAND
• Cyrano de
  Bergerac

ROWLING
• Harry Potter à
  l'école des sor-
  ciers

SAINT-EXUPÉRY
• Le Petit Prince
• Vol de nuit

SARTRE
• Huis clos
• La Nausée
• Les Mouches

SCHLINK
• Le Liseur

SCHMITT
- La Part de l'autre
- Oscar et la
  Dame rose

SEPULVEDA
- Le Vieux qui
  lisait des romans
  d'amour

SHAKESPEARE
- Roméo et Juliette

SIMENON
- Le Chien jaune

STEEMAN
- L'Assassin
  habite au 21

STEINBECK
- Des souris et
  des hommes

STENDHAL
- Le Rouge et
  le Noir

STEVENSON
- L'Île au trésor

SÜSKIND
- Le Parfum

TOLSTOÏ
- Anna Karénine

TOURNIER
- Vendredi ou
  la Vie sauvage

TOUSSAINT
- Fuir

UHLMAN
- L'Ami retrouvé

VERNE
- Le Tour
  du monde
  en 80 jours
- Vingt mille
  lieues sous
  les mers
- Voyage au
  centre de
  la terre

VIAN
- L'Écume des jours

VOLTAIRE
- Candide

WELLS
- La Guerre des
  mondes

YOURCENAR
- Mémoires
  d'Hadrien

ZOLA
- Au bonheur
  des dames
- L'Assommoir
- Germinal

ZWEIG
- Le Joueur
  d'échecs

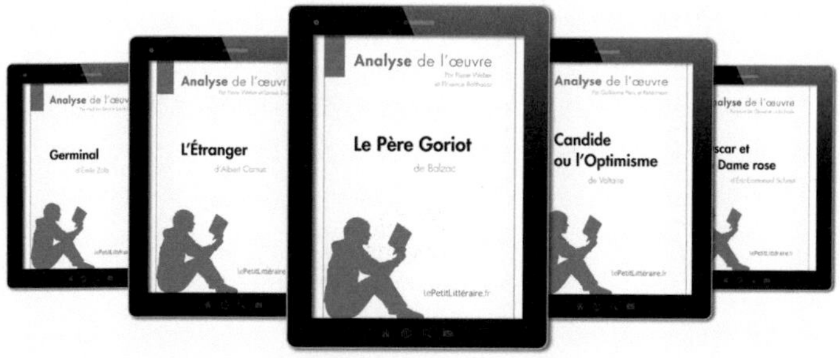

www.lepetitlitteraire.fr

ISBN version numérique : 978-2-8062-3001-0
ISBN version papier : 978-2-8062-3003-4
Dépôt légal : D/2013/12603/202

Avec la collaboration de Margot Pépin pour l'étude des personnages de Paulin, Phénice et Arsace ainsi que pour les chapitres « Une tragédie classique » et « Pour la dernière fois, adieu ».

Conception numérique : Primento,
le partenaire numérique des éditeurs.

Ce titre a été réalisé avec le soutien de la Fédération Wallonie-Bruxelles, Service général des Lettres et du Livre.